AF234271

PROCÈS-VERBAL

DE LA FÊTE FUNÈBRE

DONNÉE PAR LES LL∴

DE THÉMIS ET DE L'UNION,

RÉUNIES,

Le 3e. jour du 1er. mois de l'an de la V∴ L∴ 5809,

EN MÉMOIRE

DU F∴ SAGNIER,

Avocat, Off∴ du G∴ O∴ de F∴, et membre
des deux LL∴

PROCÈS-VERBAL
DE LA FÊTE FUNÈBRE
DONNÉE EN MÉMOIRE
DU F∴ SAGNIER.

L'an de la vraie L∴ 5809, le 3ᵉ. jour du 1ᵉʳ. mois, les LL∴ de Thémis et de l'Union, réunies, ont ouvert leurs travaux en la manière accoutumée, dans un de leurs temples ordinaires, au local dit du *Prado*.

Les VV∴ FF∴ *Ranté*, Vén∴ de la L∴ de *Thémis*; *Pajot-Dorville*, Vén∴ de la L∴ de *l'Union*, et le Vén∴ F∴ *Defoissy*, doyen des deux LL∴, tous trois Off∴ du Gr∴ O∴ de France, éclairoient l'O∴. Le V∴ F∴ *Ranté* tenoit le maill∴. Il l'avoit offert au V∴ de *l'Union*, qui l'avoit refusé.

Les FF∴ *Jaquotot* et *Julienne*, Surv∴ de la L∴ de *Thémis*; les FF∴ *Pardon* et *Champagne*, Surv∴ de la L∴ de *l'Union*, occupoient l'Occ∴.

Les maill∴ étoient tenus par ces derniers

Les FF.·. *Thevenin*, Or.·. de la L.·. de *Thémis*, et le F.·. *Capelle*, Or.·. de la L.·. de *l'Union*, Off.·. du G.·. O.·., siégeoient à leur banc.

Les FF.·. *Huart-Duparc*, Secr.·. de la L.·. de *Thémis*, et *Bouchot*, Secr.·. de la L.·. de *l'Union*, tenoient le pinceau.

Les Experts et les Maîtres des Cérémonies des deux LL.·. remplissoient ensemble leurs offices, et les Ouvr.·. de ces deux At.·. étoient mêlés sur les col.·.

L'objet de la convocation des deux LL.·. étoit de rendre les honneurs funèbres au F.·. Sagnier, Off.·. du G.·. O.·., membre des LL.·. de *Thémis* et de *l'Union*.

On annonce des députations des LL.·. d'*Isis*, de l'*Age-d'Or*, des *Amis-Incorruptibles*, d'*Anacréon*, de l'*Athénée des Etrangers*, de la *Constance-Eprouvée*, du *Grand-Sphinx*, de *Jérusalem* et des *Nomophiles*.

Le Vén.·. ordonne que chacune des députations soit introduite séparément.

Les Experts, en conformité de cet ordre,

introduisent chaque députation, qui, présidée par son Vén∴, entre dans le temple.

Chaque députation reçoit du Vén∴ l'accueil le plus flatteur.

Les Maîtres des Cérémonies conduisent à l'O∴ le Vén∴ de chaque députation, et placent ensuite, suivant leurs grades, les autres FF∴ sur les col∴.

Plusieurs VV∴ attachés à diverses L∴ régulièrement reconnues, ont obtenu l'entrée du temple, en donnant aux Experts les mots de passe et de semestre.

Ces FF∴ ont été introduits, reçus et placés suivant l'usage et avec les honneurs qui leur étoient dus.

Dans un discours éloquent et pathétique, le Vén∴ annonce à l'assemblée l'objet de sa réunion.

Une marche funèbre et harmonieuse succède au discours du Vén∴, et les Maîtres des Cérémonies conduisent l'assemblée, en cortège, dans la chambre du milieu, composée du local servant ordinairement de temple à la L∴ de Thémis, et de la grande rotonde qui le précède.

Les murs de l'enceinte étoient couverts de cette couleur qui rappelle le deuil et les regrets.

La rotonde étoit éclairée en verres jetant une clarté sombre.

Au milieu de la rotonde s'élevoit une pira-mide en marbre blanc et noir, au dessus de laquelle étoit l'urne cinéraire.

Au devant, une lampe antique répandoit sur le cénotaphe une foible et pâle lueur.

Une cassolette étoit placée à chaque coin du cénotaphe, lequel étoit gardé par quatre FF∴ en habit de deuil.

Le cortège arrivé en ordre dans ce temple de la mort, les VV∴ se placent à l'Or∴, et trois coups de tamtam annoncent le premier voyage.

A ce moment les Maîtres des Cérémonies et quatre Experts se rendent à l'O... Le Vén∴ remet à ces derniers les décorations civiles et maçonn∴ du F∴ *Sagnier*, et se rend auprès du cénotaphe, toujours accompagné du Vén∴ de la L∴ de l'Union.

En même temps que les Maîtres des Cérémonies se rendoient à l'O∴, les Maîtres des Cérémonies adjoints se rendoient à l'Occ∴ et amenoient les Surv∴ au cénotaphe avec les Vén∴.

Les Vén∴ et Surv∴ font le tour de la colonne, et le Vén∴ de Thémis prenant des mains des Experts les décorations civiles du F∴ Sagnier, les dépose, l'une après l'autre, au pied du tombeau.

« Le F∴ *Sagnier*, dit-il, en portant ce » costume, s'est toujours montré digne, » par son désintéressement et sa loyauté, » de l'estime de ses collègues et de la con- » fiance publique. »

Puis, en déposant les ornemens maçonniques, il a ajouté : « Ces décorations doivent » toujours rappeler à celui qui auroit l'a- » vantage de les porter, les vertus, le zèle et

» l'exactitude de celui que nous pleurons,
» et qui les a si bien honorés comme notre
» ami et comme Off∴ du G∴ O∴ de France. »

Les Vén∴ sont reconduits à l'O∴, et
les Surv∴ à l'Occ∴.

Un coup de tamtam annonce leur arrivée
à leurs places.

Un F∴ donne lecture des strophes sui-
vantes :

> Si de la mort la faulx cruelle
> A frappé l'ami qui n'est plus,
> A nos cœurs tout ici rappelle
> Le souvenir de ses vertus.
>
> Sur la tombe de notre frère
> N'exhalons pas de vains regrets :
> *Sagnier*, dans la céleste sphère,
> Du vrai bonheur jouit en paix.
>
> Ci gît sa dépouille mortelle ;
> Mais, près de la Divinité,
> Son ame, à la vertu fidèle,
> Règne dans l'immortalité.
>
> Si de la mort la faulx cruelle
> A frappé l'ami qui n'est plus,
> Qu'à nos cœurs tout ici rappelle
> Le souvenir de ses vertus.

Trois coups de tamtam annoncent le se-
cond voyage.

Les Vén∴ et les Surv∴ sont conduits,
comme la première fois , au cénotaphe ; ils
en font le tour.

Le Vén∴ de Thémis allume la lampe
antique et les cassolettes, en disant :

« Ces lampes sépulchrales , ces étoiles
» qui ne répandent qu'une lueur foible et
» sombre, nous annoncent le triste sujet de
» notre réunion , et la perte que nous avons
» faite.

» *Sagnier* jouit de la vraie lumière ; pour
» en jouir un jour comme lui, imitons ses
» vertus. »

Les Vén∴ et les Surv∴ retournent à leurs
places comme ils en sont sortis.

Un coup de tamtam annonce leur arrivée.

Une musique plaintive se fait entendre ;
elle se termine par trois coups de tamtam ,
annonçant le troisième voyage.

Les Vén∴ et les Surv∴ sont conduits de
nouveau au cénotaphe.

Ils en font le tour.

Le Vén∴ allume les parfums, en disant :

« Comme ces parfums s'élèvent vers le
» ciel, de même la prière de l'homme de
» bien s'élève jusqu'au trône de l'Éternel. »

Les Vén∴ et les Surv∴ retournent à leurs
places.

Un coup de tamtam annonce leur arrivée.

L'orchestre exécute un morceau analogue
à la cérémonie.

Le Vén∴ donne la parole au F∴ Thevenin, Or∴ de la L∴ de Thémis.

Le F∴ Thevenin prononce le discours
suivant, avec le ton de douleur et de sensi-
bilité qui lui est naturel.

T∴ CC∴ FF∴,

Un devoir bien triste nous réunit ; notre
ami, notre frère Sagnier n'est plus ; il nous
a été enlevé dans la vigueur de l'âge, au
moment où devoient se réaliser pour lui les
plus chères espérances, où il alloit jouir du
fruit de ses travaux, de son honorable in-
dustrie. Confondons sur sa tombe, mes
frères, et nos larmes et nos fleurs.

Nos larmes! qui de nous déjà n'a pas payé ce tribut à sa mémoire? Quelle est consolante pour l'homme expirant, cette pensée, qu'il ne meurt pas tout entier; qu'il vivra encore dans le souvenir de sa famille, de ses amis; que des pleurs arroseront et ranimeront sa cendre! Et pour ceux qui survivent, pleurer est un besoin; c'est le soulagement des ames tendres et sensibles. Le temps, dans sa course rapide, tarit la source des larmes; il efface les regrets déchirans: mais jamais on n'oublie l'ami qu'on a pleuré.

Des fleurs! notre ami, notre frère Sagnier s'en est rendu digne à bien des titres. C'est un hommage que nous lui devons; et pour moi, qui fus l'ami de sa jeunesse, le témoin de sa conduite, le confident de ses pensées, c'est une consolation dont je sens tout le prix, d'avoir à développer devant vous, mes FF∴, les droits de notre frère Sagnier au tribut de regrets et d'estime que nous venons lui offrir.

Qu'il est saint et antique, cet usage établi dans le sein de la Maçonnerie! Il révèle l'ancienneté, la pureté de notre origine ; il doit sa naissance à ce peuple célèbre chez lequel les nations ont été puiser tour-à-tour des leçons de sagesse, les sciences et les arts. Vous le savez, mes frères, les Egyptiens faisoient le procès à leurs morts ; nul ne pouvoit s'y soustraire. Le monarque, comme le berger, étoit soumis à cette censure utile. Alors disparoissoient les titres éclatans, les qualités brillantes ; et celui-là seul dont la vie avoit toujours été pure et sans reproches, obtenoit un dernier asile dans cet Élysée que les poètes ont rendu si célèbre, et dont l'idée se retrouve dans toutes les religions.

Ce peuple si sage reconnoissoit donc que rien n'est indifférent dans la vie de l'homme en société, quelqu'obscure qu'elle soit ; que les vertus privées méritent des éloges et une récompense. Et c'est ainsi qu'on épouvante les méchans, qu'on rassure les foibles, et que l'on encourage l'homme de bien.

François-Louis Saguier est né à Paris, de

parens peu fortunés , mais honnêtes. Hors d'état de pourvoir aux dépenses considérables qu'exigent des études complètes , ils lui firent quitter de bonne heure le collége , et le placèrent chez un procureur au Châtelet. Ses progrès dans la science du droit et de la procédure furent rapides ; il parcourut dans la même étude tous les degrés de la cléricature. Rien ne prouveroit mieux sa bonne conduite. Il reconnut bientôt lui-même que son éducation n'avoit été que commencée ; et sans maîtres , sans secours , à l'aide d'une volonté ferme et soutenue , en donnant au travail le temps que les jeunes gens de son âge consacroient aux plaisirs , il est parvenu à la perfectionner.

Sagnier étoit devenu familier avec les principes et les beautés de sa langue ; les langues mortes ne lui étoient pas étrangères. La littérature , la physique , la mécanique occupoient ses loisirs. Il avoit appris assez de musique, et il exécutoit assez bien pour plaire à ceux qui l'entendoient ,

et répandre quelques charmes dans la société.

En 1791, il fut avoué ; il prospéroit déjà
quand des brouillons , des hommes pervers ,
s'emparant du timon de l'état , amenèrent
la confusion et le désordre , renversèrent et
détruisirent toutes les professions , dressè-
rent des échafauds , et couvrirent de sang
le sol français.

Sagnier avoit de l'énergie , du courage ; il
aimoit son pays ; il attaqua , il poursuivit le
crime avec une audace alors peu commune.
On le vit souvent , seul sur la brèche , con-
trarier les projets des méchans , les démas-
quer , les combattre : aussi fut-il proscrit ,
et obligé de se cacher ; cette époque de
sa vie offre un trait dont il y a peu d'exem-
ples.

La mort n'effrayoit pas celui dont aujour-
d'hui nous pleurons la perte. Il étoit pour-
suivi pour une si belle cause ! Sa conscience
étoit pure. Il se présente lui-même au co-
mité révolutionnaire ; il dit : Je suis celui

que vous cherchez ; menez-moi en prison , assouvissez sur moi votre rage. Puissai-je être votre dernière victime. La vie passée au milieu de vous est un tourment. Je compte sur un Dieu rénumérateur et vengeur.

Tant de vertu , loin de désarmer les persécuteurs de Sagnier, ne fit qu'exciter leur rage ; il fut arrêté. Son arrivée dans la maison de détention y opéra un changement bien étrange et bien inespéré. Ses compagnons d'infortune partagèrent bientôt son impertubable tranquillité. Il les consoloit , il essuyoit leurs larmes ; il ramena le rire sur leurs lèvres, que le malheur avoit flétries. Chaque jour il imaginoit de nouvelles distractions , de nouveaux plaisirs. Son goût pour la musique lui fut une utile ressource ; une douce mélodie succéda aux accens de la douleur et du désespoir. Précieux effet de l'amour des arts ! par lui les revers s'oublient, l'infortune devient supportable ; il adoucit le cœur, il exerce l'esprit ; le philosophe le plus austère est contraint de céder à son empire.

Sagnier détenu, sans état, sans fortune, et pour qui l'avenir n'avoit rien de consolant, étoit loin sans doute de penser au mariage. Ce fut pourtant dans cette position qu'il rencontra la femme qui devoit un jour partager et embellir sa destinée.

Un père de famille renfermé avec lui, recevoit chaque jour la visite de ses deux filles. Les attentions de Sagnier pour ce père de famille respectable, la franchise et l'amabilité de son caractère ; les espérances que donnoient son esprit et ses talens, lui gagnèrent aisément le cœur d'une des jeunes demoiselles, et lui servirent en même temps de recommandation auprès du père. Les malheureux n'ont pas de peine à s'entendre. Tout fut bientôt convenu, et peu après le 9 thermidor, Sagnier sortit des liens d'une détention affligeante, pour passer dans ceux de l'hyménée.

La révolution n'étoit pas terminée : pour fixer les destins de la France, lui rendre sa splendeur, et assurer sa félicité, il falloit une main ferme et vigoureuse, un de

ces génies extraordinaires dont les siècles
sont avares. Mais les décrets de l'Eternel
doivent s'accomplir , et le temps n'étoit pas
arrivé. La profession à laquelle Sagnier s'é-
toit voué dès sa jeunesse , n'avoit rien de
stable. Il devoit cependant pourvoir à son
existence et à celle de sa femme. Il accom-
pagna , en qualité de secrétaire , un représentant du peuple envoyé dans les départemens pour ouvrir les prisons , cicatriser
les plaies , et faire succéder le règne de la
justice et de la loi au despotisme le plus affreux qui jamais ait pesé sur les peuples.

Un zèle ardent pour le bien , une inébran-
lable intégrité, un désintéressement sincère,
distinguèrent Sagnier dans le cours de ses
fonctions. Il revint pauvre comme il étoit
parti , mais partageant avec le représentant
du peuple les actions de graces et les béné-
dictions des divers départemens qu'ils avoient
parcourus. A son retour, obligé de se créer
des occupations utiles , Sagnier se livra à
l'étude des lois criminelles et de police ; et

2

nous avons vu sortir successivement de sa plume des commentaires sur les Codes Criminel, de Police correctionnelle et municipale. On retrouve dans chacun de ces ouvrages l'esprit d'ordre et d'analyse qui caractérisoit particulièrement leur auteur.

Il fut l'un des inventeurs, et, pendant long-temps, l'un des coopérateurs du *Journal du Palais*, et nous lui devons des articles rédigés avec exactitude, clarté et précision.

L'aurore des beaux jours luit enfin pour la France ; tout renaît du chaos ; les institutions anciennes sont rétablies ; l'ordre judiciaire est réorganisé. Sagnier se rappelle avec plaisir ses premiers pas dans la carrière, les espérances qu'il avoit alors, et qui ne l'ont jamais abandonné ; il pense que l'état vers lequel il s'étoit dirigé d'abord, va reprendre son antique et honorable consistance : il sollicite et il obtient la nomination à une des places d'avoués près le tribunal de première instance. On forme la chambre de discipline, et Sagnier doit aux vœux de ses

confrères d'être un des appelés à la compo-
sition première de cette utile institution.

Vous tous, mes FF... qui avez eu avec
lui des relations habituelles, vous le savez,
jamais il n'a manqué aux règles et aux
devoirs de son état ; il en connoissoit
bien l'importance et l'étendue ; il étoit
pénétré de cette vérité, que l'avoué,
qui est le plus souvent le premier conseil
du plaideur, doit être aussi le premier juge
du procès que l'on vient confier à ses soins.
Il savoit que du premier pas de la procédure
dépend souvent le succès de la cause ; aussi
n'entamoit-il une action qu'après s'être bien
assuré qu'elle étoit juste, et avec une pru-
dence, une circonspection scrupuleuses.
L'intérêt du client étoit son principal mo-
bile, et il ne se contentoit pas de voir dans
une affaire, quelle qu'en dût être l'issue, les
bénéfices qui devoient en résulter pour lui.

Pouvoit-il méconnoître les principes dont
il avoit été nourri dès sa plus tendre jeunesse ? Pouvoit-il ne pas s'y rattacher forte-

ment, quand il les voyoit professer chaque jour par le plus grand nombre de ceux qui couroient la même carrière que lui.

Pourtant il ne fut pas à l'abri des atteintes de la calomnie, à cette époque où une réduction, jugée nécessaire, livroit tous les avoués aux plus cruelles anxiétés. Sagnier fut tout-à-coup présenté à l'opinion publique comme un officier infidèle et dangereux. Le tribunal de première instance l'a suffisamment vengé d'une diffamation si atroce; mais elle n'a pas peu contribué, peut-être, à agraver sa maladie, et à accélérer le terme de son existence.

Il est difficile, en effet, mes FF∴, de vous faire une idée des inquiétudes et des chagrins de Sagnier à la nouvelle du coup qui venoit de lui être porté ; et ceci doit servir à combattre la pensée qu'il auroit eu une influence quelconque sur l'opération de réduction ; il ne pouvoit rien à cet égard ; il ne savoit pas s'il pourroit se protéger lui-même, si quarante années d'une vie irréprochable lui seroient un sûr garant de la conservation de son état.

J'ai dû, mes FF∴, vous présenter à ce sujet les détails que vous venez d'entendre ; ils appartiennent à la vie de Sagnier ; ils dissiperont quelques nuages légers qui, dans ces momens d'affliction et de troubles , ont pu obscurcir ou ses discours ou ses actions. Sagnier aimoit sincèrement ses camarades ; il s'est montré constamment bon confrère ; et c'est pour l'en récompenser, qu'alors que le mauvais état de sa santé l'eût contraint à se défaire de sa charge , la chambre le plaça au nombre de ses membres honoraires.

Il fut aussi bon ami , bon mari, bon père ; il fut sur-tout fils toujours tendre, soumis et respectueux. Il ne lui restoit que peu de jours à vivre , et il s'occupoit de l'éducation de sa fille aînée. Je l'ai vu, presqu'à ses derniers momens, me démontrer le mécanisme d'une sphère céleste nouvellement perfectionnée qu'il venoit d'acheter, et qu'il devoit employer lui - même à l'instruction de ses enfans. Vain espoir qui s'est évanoui comme un songe. Ainsi, par une sorte de pressentiment de sa fin prochaine, Sagnier portoit déjà ses regards vers le ciel, dont il admiroit l'inconcevable harmonie, et il ne tenoit plus à la terre que par la plus respectable de toutes les affections.

Sagnier a été assez heureux pour rendre à sa mère les secours et les soins qu'il en avoit reçus. La fortune avoit secondé ses efforts. Une honnête aisance, dont il pouvoit avouer la source, le mettoit en état de pourvoir aux besoins de sa famille. Elle éloignoit de son esprit toutes inquiétudes pour l'avenir. Un travail modéré, assidu, une sage économie devoient l'augmenter encore; tout lui sourioit. La parque implacable a tranché le fil de ses jours, et ne lui laisse qu'un cercueil, d'inutiles regrets et des pleurs.

Faut-il vous parler, mes FF·., de ses vertus maçonniques. Ne seroit-ce point une étrange distinction? Nos préceptes, notre morale, nos travaux, n'ont-ils pas pour

objet de rendre plus facile la pratique des
devoirs auxquels l'homme est assujéti dans
tous les états de la vie. Les vertus des Maç⸫
consistent dans l'assiduité et l'exactitude au
travail, la charité, l'amour de ses FF⸫, la
soumission à l'ordre et aux règles de bien-
séance et d'honnêteté publique. Sagnier
possédoit toutes ces qualités dans un degré
éminent. Il fut zélé Maç⸫, et l'un des fon-
dateurs de notre Atel⸫ Jamais son ardeur
ne s'est rallentie ; il a mérité et reçu tous
les grades ; et tant que son nom vivra parmi
nous, il sera pour les Maç⸫ un bel exemple
à imiter.

Ombre de Sagnier, si ton attachement
pour tes FF⸫ t'a accompagné au — delà du
tombeau, s'il te ramène parmi nous dans cette
enceinte, si la voix de l'amitié fidèle peut
encore aller jusqu'à toi, cette éternité, dont
l'œil d'un mortel n'ose sonder la profondeur,
n'a rien d'effrayant. Tu reçois la plus douce
récompense que l'homme de bien doive am-
bitionner. Tu peux veiller sur ceux qui te
furent chers, te réjouir de leurs succès, de

leur prospérité , entendre l'expression des souvenirs touchans que tu as laissés sur ce globe de poussière jusqu'au moment marqué par la Providence , où chacun de nous , subissant la loi commune , ira te rejoindre au séjour de paix et de bonheur que le G∴ Arch∴ réserve à ceux qui l'ont fidèlement servi.

———————

Après ce discours, chacun des membres auroit desiré témoigner au F∴ *Thevenin*, par un *vivat*, la satisfaction qu'il venoit d'éprouver ; mais le triste devoir que les LL∴ remplissoient ne le permettoit point.

Le Vén∴ a donné la parole au F∴ *Capelle*, Orateur de la L∴ de l'Union.

Le F∴ *Capelle* a prouvé , par la lecture de son élégie , qu'il est des occasions où le plaisir n'est pas incompatible avec la douleur.

VERS ÉLÉGIAQUES.

Un frère est descendu dans la nuit éternelle.
L'instant où de ce temple il a passé le seuil ,
A donné le signal de la mort et du deuil,....
    Il n'est plus !... Mort cruelle ,

Tel est donc ton fatal pouvoir,
Que l'être vertueux, l'ami de son devoir,
Qui fit de nos travaux sa gloire toute entière,
Tombe avec le méchant sous ta faulx meurtrière,
Et ne laisse après lui qu'un affreux désespoir!....

Dieu vengeur! quand le crime ensanglante la terre,
    Quand l'être menaçant
Se rit de ton pouvoir et brave ton tonnerre,
    Devais-tu frapper l'innocent;
Devais-tu des amis nous ravir le modèle?.....
Que dis-je? la Vertu le soutient sur son aile
    Et le dérobe au monument :
D'un immortel bonheur sa carrière est suivie;
    Il meurt, et vers l'éternité
    Tranquille il s'avance, escorté
Des bonnes actions qu'il fit pendant sa vie!....

Simulacre imposant! triste image du deuil,
  De nos regrets douloureux interprète,
Accepte nos soupirs! Vous, que nul ne regrette,
Riches au cœur d'airain, enviez ce cercueil!
Vous mourrez tout entiers! A la tombe muette
    Que fait votre nom, votre orgueil?
    Quand l'abîme éternel s'entr'ouvre,
    Vous croulez avec vos grandeurs,
    Et le marbre froid qui vous couvre,
    N'est point réchauffé par des pleurs!....

Toi, qu'appellent en vain nos plaintives douleurs,
Déjà ton ombre, en paix achevant son voyage,
Du funeste Achéron aperçoit le rivage!....
Que de mânes errans, gémissant sur ces bords,
        Attendent leur passage,
Pénétrés de regrets, tourmentés de remords!
Mais toi, frère chéri, digne objet de nos larmes,
        O *Sagnier!* bannis tes alarmes,
        Sans crainte descends chez les morts;
Dans le sein de la paix, ton ame, pure et fière,
Doit, comme dans nos cœurs, trouver son sanctuaire..
Adieu!.... Le front serein, approche de Carron,
De ce guide cruel.... qui doit être le nôtre!
        Dis-lui tout bas : *Je suis Maçon....*
        Tu passeras plutôt qu'un autre!....

L'orchestre exécute un morceau analogue à la fête.

Le Vén∴ annonce que la cérémonie va se terminer, et invite les FF∴ des colonnes à suivre la marche qui leur sera indiquée.

Trois coups de tamtam annoncent l'ouverture de la marche.

Le Vén∴ de Thémis invite le Vén∴ de l'Union et tout l'O∴ à se joindre à lui; ils descendent du trône, précédés des deux

Maîtres des Cérémonies, et se rendent, au son d'une marche funèbre, au pied de l'autel, où un Expert tient une corbeille remplie de fleurs : chacun des FF∴ en prend une en passant.

Le Vén∴ s'avance vers le cénotaphe ; il est suivi de tous les FF∴ qui étoient à l'O∴ ; après les membres de l'O∴, suivent, des deux côtés, les FF∴ qui sont sur les col∴

Tous les FF∴ se déploient sur quatre colonnes, dont deux vont de l'O∴ à l'Occ∴, et deux de l'Occ∴ à l'O∴

A mesure que les FF∴ passent devant le cénotaphe, ils y déposent leurs fleurs, en faisant le signe de salut.

Cette marche conduit les Vén∴ à l'Occ∴, et les Surv∴ à l'Or∴

La musique cesse.

Trois grands coups de tamtam se font entendre.

Le Vén∴ de Thémis dit :

« Mes FF∴, le R∴ F∴ *Sagnier, Off∴ du Gr∴ O∴ et membre des LL∴ de Thémis et de l'Union, n'est plus.* »

Ces paroles sont répétées par le Vén∴ de l'Union et par les Surv∴.

Ensuite le Vén∴ de Thémis dit :

« Nous avons rempli notre devoir, retirons-nous en paix. »

Un grand coup de tamtam annonce la fin de la cérémonie.

Chacun se retire en paix.